Frustrato, arrabbiato e pazzo

Adrian Laurent

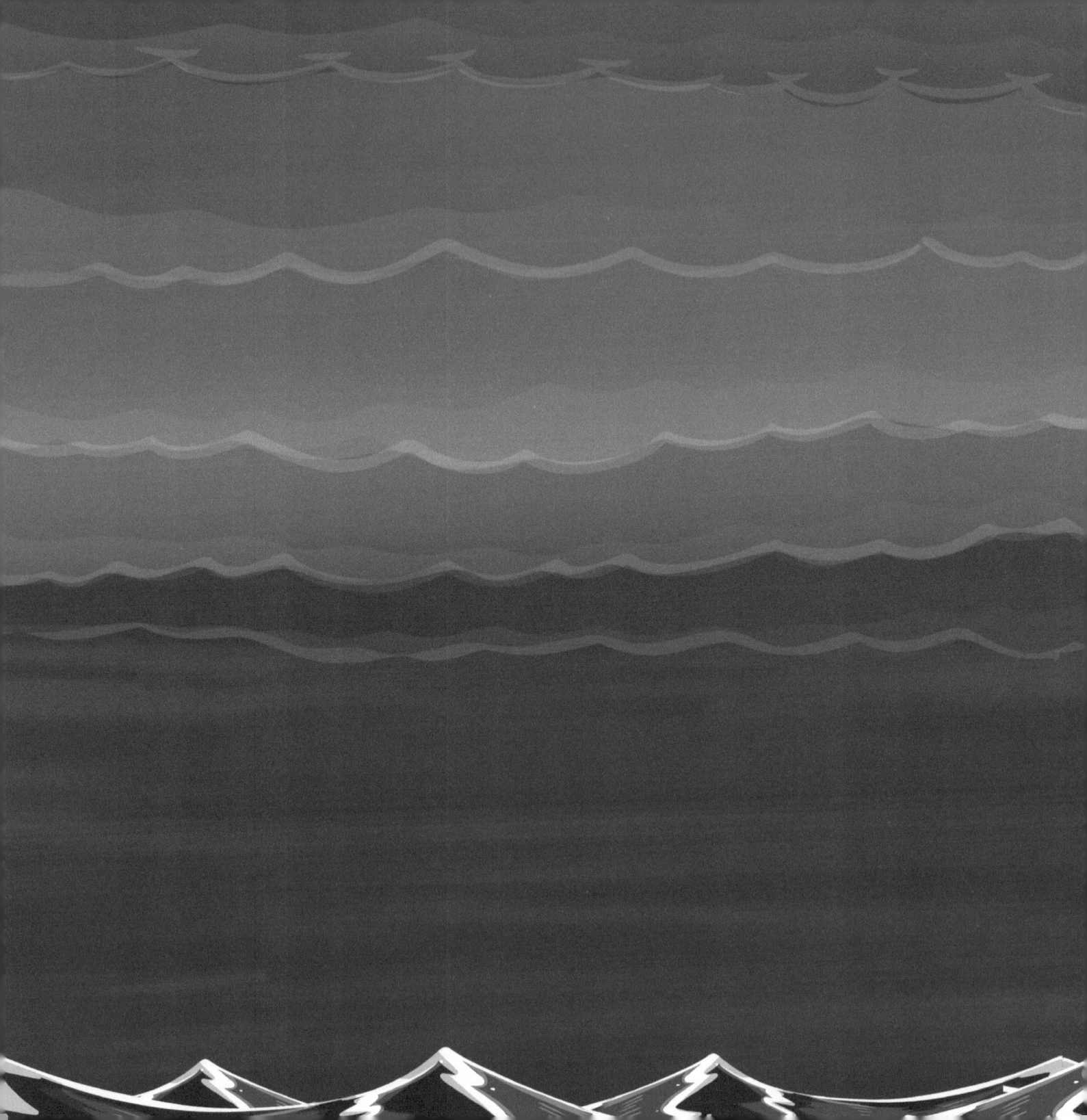

Questo libro appartiene a:

Parker amava giocare con i dinosauri. Super T Rex era pronto a lanciarsi nello spazio per sconfiggere il Triceratopo cattivo. Ma Super T Rex aveva bisogno di un razzo. Dove poteva essere il razzo di Parker?

Parker ha trovato il fratellino Jordan che giocava con il razzo nella sua camera da letto. Parker voleva il razzo e non voleva condividerlo. Cominciò a sentirsi arrabbiato. Il suo viso era caldo, il cuore batteva più velocemente e i muscoli erano tesi.

Parker sapeva che era utile allontanarsi da ciò che lo faceva arrabbiare, così tornò in salotto. Parker si sedette sul pavimento, ma si sentiva ancora arrabbiato. Come poteva aiutare la rabbia a sparire?

All'improvviso Parker sentì una vocina. Abbassò lo sguardo e vide Super T Rex che lo guardava accigliato. "Wow! Sembri arrabbiato. So come ci si sente. Tutti si sentono arrabbiati a volte, soprattutto i T-Rex! Ma so come controllare la rabbia prima che esploda".

"La maggior parte del tempo ci sentiamo calmi e rilassati. Questo accade quando la nostra rabbia è bassa. Il nostro corpo e la nostra testa si sentono rilassati come un lago immobile. Il nostro respiro e il nostro cuore sono normali. I nostri muscoli sono morbidi. Ci sono cose che possono farci sentire arrabbiati. Tutti si sentono arrabbiati a volte. È normale sentirsi arrabbiati. Ma se la rabbia aumenta, ci viene voglia di gridare, colpire e rompere. È giusto sentirsi arrabbiati, ma non è giusto fare del male alle persone o alle cose".

"Se non la controlliamo, la nostra rabbia può diventare così grande da perdere il controllo. È come un mare in tempesta con venti forti e onde gigantesche che si infrangono. La nostra testa è confusa e i muscoli si irrigidiscono. Il respiro e il cuore accelerano. Ma conosco 4 modi che possono aiutare a controllare la rabbia prima che esploda".

"Prima di tutto nota come ti senti. Come sono la respirazione e il battito del cuore? La tua testa è chiara o annebbiata? I muscoli sono duri o rilassati?".

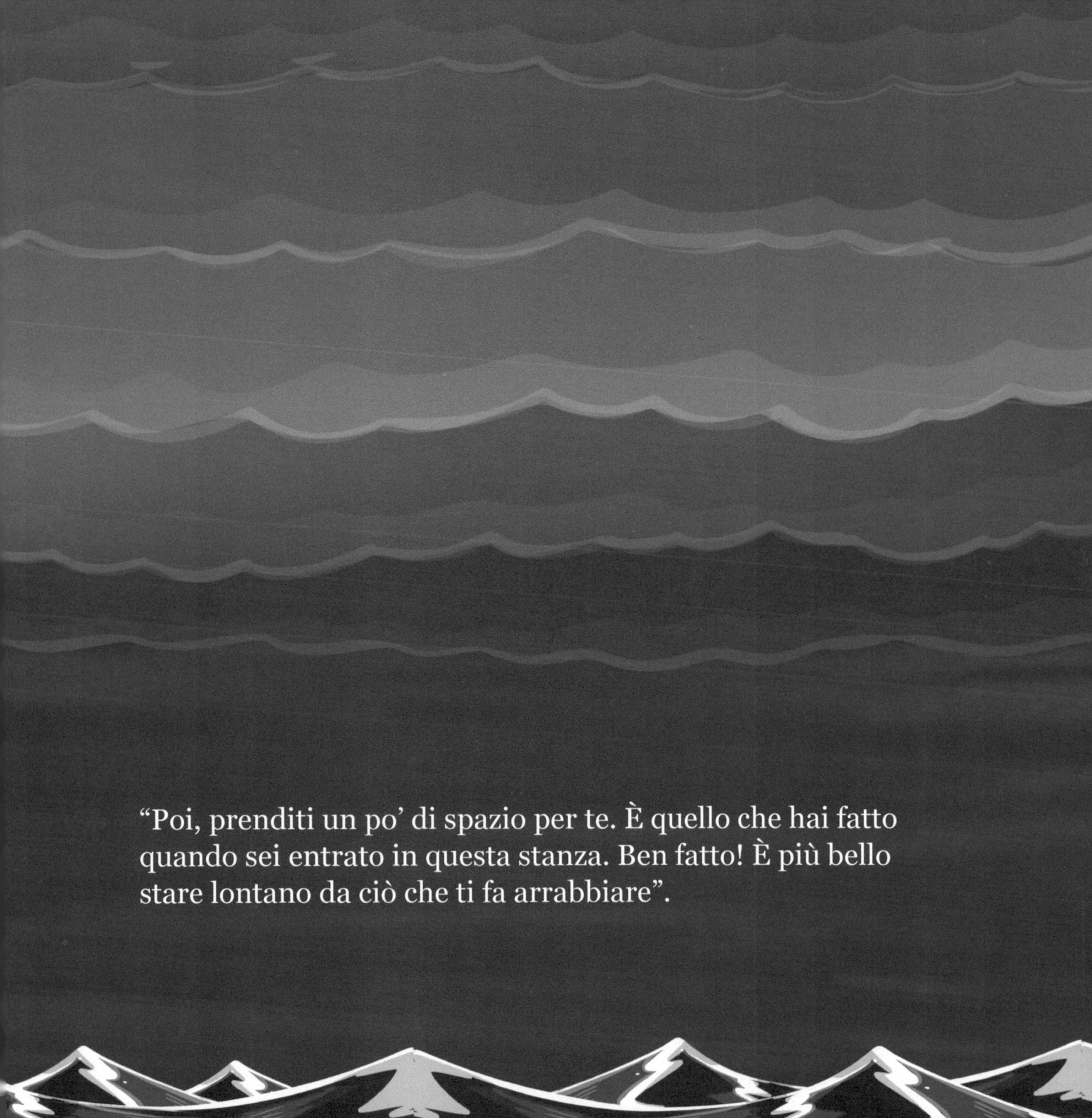

"Poi, prenditi un po' di spazio per te. È quello che hai fatto quando sei entrato in questa stanza. Ben fatto! È più bello stare lontano da ciò che ti fa arrabbiare".

"Successivamente, fai 10 respiri profondi. Inspira profondamente dal naso ed espira dalla bocca". Parker contò 10 respiri profondi. Sentì la rabbia ridursi, ma non si sentiva ancora calmo.

"Poi, muovi il corpo". Parker saltò su e giù. Correva sul posto. Super T Rex ha fatto i salti mortali. Poi ha strizzato tutti i muscoli e li ha lasciati andare.

Finalmente sentì la sua rabbia andare via. Si sentiva calmo.
Il suo respiro era rallentato. La sua testa era chiara. Il mare
in tempesta era di nuovo calmo e gentile.

Parker tornò nella sua cameretta. Jordan gli porse il T-Rex. "Vogliamo giocare insieme?" – disse Jordan. Parker annuì e prese T-Rex con un sorriso. "Facciamo volare T Rex nello spazio insieme". T-Rex volò intorno alla luna e atterrò su Marte.

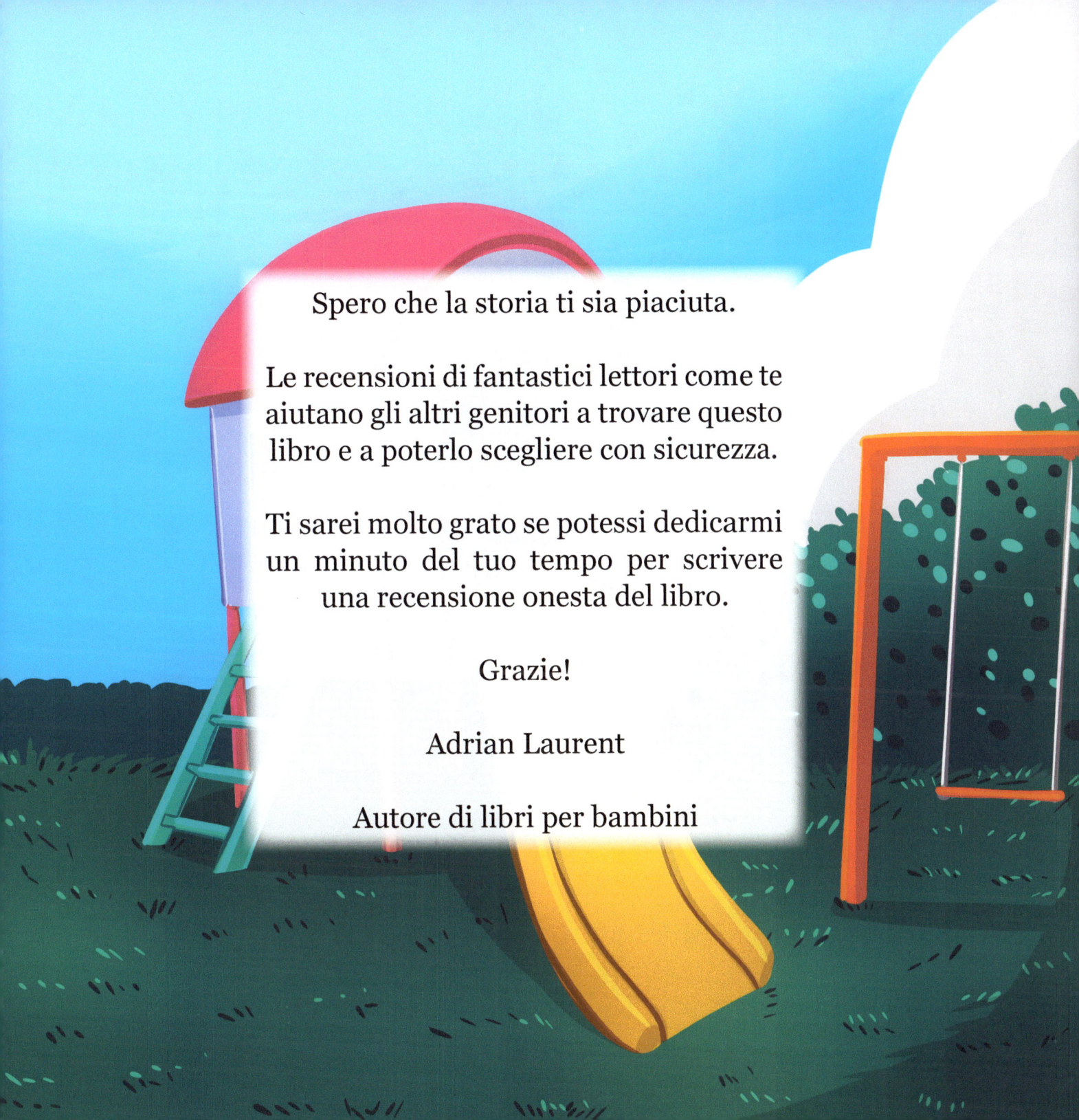

Spero che la storia ti sia piaciuta.

Le recensioni di fantastici lettori come te aiutano gli altri genitori a trovare questo libro e a poterlo scegliere con sicurezza.

Ti sarei molto grato se potessi dedicarmi un minuto del tuo tempo per scrivere una recensione onesta del libro.

Grazie!

Adrian Laurent

Autore di libri per bambini

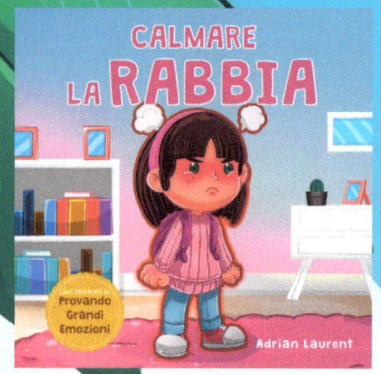

CALMARE LA RABBIA

Adrian Laurent

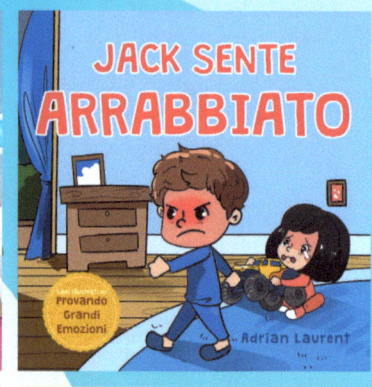

JACK SENTE ARRABBIATO

Adrian Laurent

CRESCITA DI UNA MENTALITÀ SOLIDA
PER BAMBINI

Adrian Laurent

LA STORIA DEL CAPRICCIO DI TIM DA BAMBINO

Adrian Laurent

BASTA PICCHIARE, TIM!

Adrian Laurent

LIBRO SULLA SICUREZZA DEL CORPO
PER BAMBINI

Adrian Laurent

LIBRO SULLA SICUREZZA DEL CORPO
PER BAMBINI, DI TIM

Adrian Laurent

FRUSTRATO, ARRABBIATO E PAZZO

Adrian Laurent

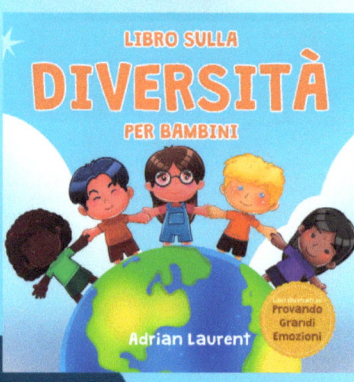

LIBRO SULLA DIVERSITÀ
PER BAMBINI

Adrian Laurent

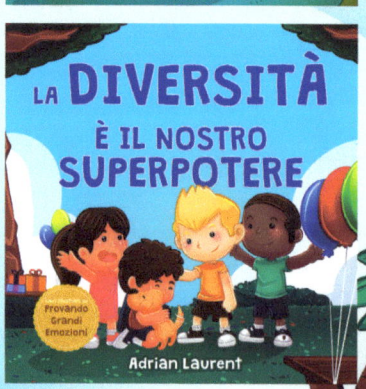

LA DIVERSITÀ È IL NOSTRO SUPERPOTERE

Adrian Laurent

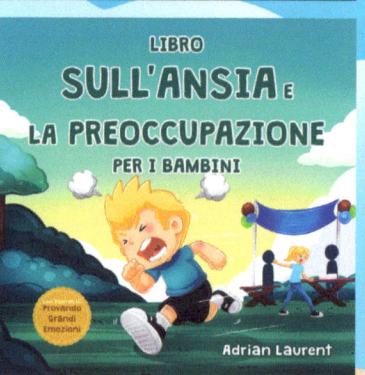

LIBRO SULL'ANSIA E LA PREOCCUPAZIONE
PER I BAMBINI

Adrian Laurent

POSSO AIUTARE LA MIA ANSIA

Adrian Laurent

I CONFINI DEL CORPO E ME

Adrian Laurent

Collezionali tutti

www.ingramcontent.com/pod-product-compliance
Lightning Source LLC
Chambersburg PA
CBHW041559120626
46551CB00002B/259